DE

LA JUSTICE

DANS

LE GOUVERNEMENT ET LA SOCIÉTÉ

Par F. SAILLARD

> « **Justice.** — Règle de ce qui est conforme au droit de chacun; volonté constante et perpétuelle de donner à chacun ce qui lui appartient. »
>
> LITTRÉ. *Dictionnaire.*

Prix : 1ᶠ 50

PARIS

E. DENTU, LIBRAIRE-ÉDITEUR

PALAIS-ROYAL, 15-17-19, GALERIE D'ORLÉANS

—

1885

DE

LA JUSTICE

DANS

LE GOUVERNEMENT ET LA SOCIÉTÉ

Par F. SAILLARD

> « **Justice.** — Règle de ce qui est conforme au droit de chacun ; volonté constante et perpétuelle de donner à chacun ce qui lui appartient. »
>
> LITTRÉ. *Dictionnaire.*

PARIS

E. DENTU, LIBRAIRE-ÉDITEUR

PALAIS-ROYAL, 15-17-19, GALERIE D'ORLÉANS

—

1885

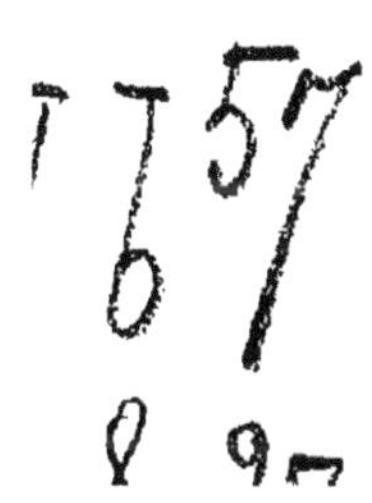

DE LA JUSTICE

DANS LE GOUVERNEMENT ET LA SOCIÉTÉ

I.

De la Justice aujourd'hui et dans l'ancienne société, et de la situation du peuple qui est restée la même.

Il faut être doué d'une forte dose de naïveté ou d'optimisme pour croire que, avec les errements que l'on suit aujourd'hui, on arrivera à fonder en France, nous ne dirons pas la République, mais un gouvernement quelconque.

Il est vrai, on a, en 1789, proclamé le principe de la souveraineté du peuple ; mais on n'a pas changé les mœurs ni l'esprit public et substitué, à l'ancienne idée catholique, l'idée de la démocratie et de la justice. Y a-t-il, nous le demandons, une différence quelconque entre l'ouvrier ou le serf des temps modernes, esclave du capital, et le serf d'autrefois, esclave de la féodalité ?

Ah! sans doute, le premier est mieux vêtu, mieux logé, mieux nourri que le serf d'autrefois. Les conditions de la vie ont changé et, au point de vue matériel, il y a eu un progrès réel. Le moindre bourgeois aujourd'hui vit mieux que le plus grand seigneur du moyen-âge, et le peuple a profité de cet accroissement de la richesse et du bien-être. Mais, nous le demandons, n'y a-t-il pas une aussi grande différence entre l'ouvrier des temps modernes et, par exemple M. de Rothschild, qu'entre le baron de Montmorency et le serf du moyen-âge ?

On dira que c'est la force qui avait fait la fortune du baron de Montmorency, et que le serf ne pouvait y arriver ; mais est-ce que ce n'est pas aussi la force qui a fait la fortune de M. de Rothschild, et est-ce que l'ouvrier peut plus y arriver ?

D'ailleurs, l'exception a toujours confirmé la règle et si, dans les temps modernes, on a vu des ouvriers s'élever et arriver à la fortune, de même on voyait au moyen-âge des fils de serfs s'élever et arriver aux plus hautes charges de l'État. En regard des Thiers, fils d'un ouvrier au port de Marseille, des Murat, ancien valet d'écurie, des Ney, d'autres, sortis également des rangs du peuple et qui, dans les temps modernes, sont arrivés au commandement des armées et aux plus hautes charges de l'État, on peut mettre les Bayard, les Duguesclin, les Richelieu, les Colbert, tous hommes de petite noblesse ou roturiers et qui, pendant le moyen-âge et sous l'ancienne monarchie, sont aussi arrivés au commandement des armées et aux plus hautes charges de l'État.

On peut dire, avec l'auteur du livre de *La Révolution*, M. Edgar Quinet, que, au moment de la Révolution, le principe de l'égalité civile existait de fait et qu'il ne s'agissait plus que de le faire entrer dans la loi. Aussi, ce n'est pas pour ce principe que la nation alors s'agitait ; c'était pour établir le principe de la liberté et de la justice. Malheureusement les hommes qui, en 1789, se trouvèrent chargés des destinées du pays et qui essayèrent de diriger le mouvement révolutionnaire, ne comprirent pas les besoins du peuple et ils se bornèrent à faire des déclarations de principes. En effet, à quoi a servi au peuple la liberté de la presse, la liberté de la parole, la liberté de réunion et d'association, puisqu'il ne pouvait jouir de ces libertés et qu'il était esclave de ses besoins de chaque jour ?

A quoi, comme disait Louis Blanc, vous servira-t-il d'avoir proclamé pour le paralytique et l'homme qui ne peut pas marcher, le droit de courir ; ou, pour le manchot et celui qui ne peut pas travailler, le droit de devenir riche et de faire sa fortune ?

Il est vrai que la Révolution n'a pas changé les conditions morales et matérielles du peuple, et qu'elle l'a laissé dans la même situation. On a mené le peuple à l'assaut des vieux pouvoirs, des vieilles superstitions et des vieux préjugés ; puis, quand on les a eu renversés et qu'on a été soi-même au pouvoir, on s'est retourné contre le peuple et on lui a dit de s'arrêter. Mais pourquoi le peuple s'arrêterait-il? Est-ce qu'il est mieux, encore une fois, que sous l'ancien régime, et ses aspirations vers la liberté et la justice sont-elles satisfaites? N'est-il pas vrai, au contraire, que les déclamations des révolutionnaires et de tous ceux qui voulaient arriver n'ont eu pour effet, depuis bientôt un siècle, que de surexciter le sentiment populaire et de l'amener à vouloir plus fortement encore la liberté et la justice ?

Comment! voilà des hommes qui ont renversé un régime qui avait pour lui le temps, la force, la grandeur. Ce régime avait fait la France ; c'était autour de ses chefs illustres et vénérés que la France s'était réunie pour ainsi dire pièce par pièce, ville par ville, province par province. Les grands hommes, dans l'histoire du régime dont nous parlons, ne manquaient guère ; et, dans l'imagination populaire, les noms des Turenne, des Condé, des Bayard, des Duguesclin, se confondaient avec ceux des Louis XIV, des Henri IV et des saint Louis !

Or, voilà des bourgeois, des hommes sortis on ne sait d'où, qui n'ont ni passé ni prestige, et qui entreprennent de fonder un nouveau régime et de remplacer la monarchie. Mais quel régime ces hommes veulent-ils fonder, et quelle explication vont-ils donner au peuple ; car enfin, c'est pour le peuple et par lui qu'ils ont fait la révolution et renversé l'ancien régime ; c'est aussi pour le peuple et par lui qu'ils prétendent gouverner et fonder un nouveau régime ? Or, encore une fois, quelle explication les hommes dont nous parlons vont-ils donner au peuple, et quel langage vont-ils lui tenir ?

Vont-ils lui faire comprendre le principe de la liberté et de la justice, et tâcher de le faire entrer dans la loi ? Non ; ils vont lui parler vaguement de la liberté, de l'égalité, de la fraternité ; ce qui n'empêchera pas le riche d'écraser le pauvre, et le fils du millionnaire, qui n'a eu que la peine de naître, de recueillir en entier l'héritage paternel et d'en devenir le propriétaire exclusif !

Au reste, cette société, qui se présentait

pour régénérer l'ancienne et même pour la remplacer, n'a fait que la continuer, et elle a maintenu toutes ses institutions. L'inégalité, qui était la base de l'ancien régime, est aussi la base du nouveau ; et, comme nous l'avons dit, il y a autant de différence entre M. de Rothschild et l'ouvrier des temps modernes qu'entre le serf du moyen-âge et le baron de Montmorency. Y a-t-il, au point de vue moral, une moins grande différence, et le serf ou l'ouvrier de nos jours comprend-il mieux ses devoirs que le serf d'autrefois ? De son côté, le riche ou le seigneur des temps modernes comprend-il mieux ses devoirs que le seigneur du moyen-âge et est-il plus disposé à les remplir ?

Ah ! sans doute, il y a le devoir pour tous d'obéir à la loi ; mais, outre ce devoir qui n'est même pas toujours rempli et qu'on a vu criminellement négliger, notamment dans les journées du 18 brumaire et du 2 décembre ; outre ce devoir, disons-nous, il y a le devoir pour les riches de rendre à la société ce qu'ils en ont reçu et qu'ils n'ont pu acquérir que grâce au concours de tous.

Il est certain en effet que, parmi les riches et ceux qui sont arrivés à la fortune, l'individu le mieux doué, le plus fort et le plus intelligent, n'aurait pu, s'il avait été seul, livré à lui-même, obligé de faire face aux nécessités de son existence, acquérir qu'une faible partie de ce qu'il possède aujourd'hui.

Rothschild est, dit-on, — nous avons cité cet exemple ailleurs (1), — possesseur d'une fortune évaluée à plusieurs centaines de millions. M. de Rothschild a gagné sa fortune légitimement, et sans se mettre sans doute en opposition avec la loi ; mais qui ne voit qu'il a fallu à M. de Rothschild pour s'enrichir un concours de faits nécessaires peut-être, mais malheureux ? Qui ne voit que, dans un autre milieu et une autre civilisation, M. de Rothschild aurait pu ne rien gagner du tout. M. de Rothschild a profité des jeux de Bourse, des embarras des particuliers et des peuples, de la nécessité où se sont trouvés certains États

----

(1) *De la Méthode en politique,* Dentu.

d'emprunter, et il a réalisé une fortune considérable ; mais aux dépens de combien de malheureux ? Qui dira les ruines accumulées à la Bourse, les suicides, les malheurs des particuliers et des peuples occasionnés par le succès des entreprises de M. de Rothschild et la manière dont il a fait sa fortune ?

Et, encore une fois, il n'y a rien à reprendre dans cette manière ni dans ces entreprises ; et même, nous pensons qu'elles sont utiles et nécessaires. D'ailleurs, Rothschild, c'est légion et tous les propriétaires de France sont dans la même situation. Mais il s'agit de savoir si ces propriétaires comprennent, comme nous l'avons dit, leur devoir et s'ils sont disposés à le remplir ? Or, il est certain que le principe de la propriété est devenu un abus et que l'on croit n'avoir aucun compte à rendre à la société. Tout au plus, consent-on à payer quelques impôts qui représentent les garanties que procure la société ; mais on ne veut pas aller au-delà : et, si on se laisse aller à doter par exemple la Caisse des Écoles et l'Assistance publique, c'est par bonté d'âme et pure générosité.

Du reste, on maugrée contre le gouvernement qui cherche toujours à augmenter les charges du contribuable, et qui ne trouve jamais l'Assistance publique suffisamment dotée et le peuple assez instruit. Enfin, on déclare qu'il n'y a rien à faire et que le peuple est plus heureux qu'autrefois. Nul ne songe à faire un retour sur soi-même et à comparer, comme nous l'avons dit, sa situation avec celle du seigneur au moyen-âge. Chacun croit être un Montmorency et remonter aux croisades. Le moindre bourgeois, quand il raisonne des choses du peuple, pense que ses ancêtres ont porté l'hermine et le vair et que c'est contre lui que la Révolution a été faite. Il considère le peuple comme un ramassis de misérables et de parias, bons tout au plus à aller à la frontière se faire tuer ou à défendre l'ordre dans la rue, mais qu'il faut se garder de laisser sortir de leur position et tenir autant que possible parqués.

On est loin de considérer la propriété comme un dépôt, ou comme un moyen employé par la société pour maintenir la liberté et permettre aux individus de développer leurs facultés physiques et intellectuelles. On la considère comme une chose absolue, exclusive, dont selon l'expression d'un grand personnage de la monarchie de Juillet, on a le droit d'user et d'abuser et qu'on transmettra intact à ses enfants ou à ses proches. On ne réfléchit pas que la propriété dans l'histoire n'a jamais été ainsi entendue, et que c'est à la société à en régler le mode et à en fixer les conditions. Sous l'ancienne monarchie, on ne se gênait guère ; et, quand le trésor du roi était vide et qu'il avait besoin d'argent, pour faire la guerre ou défendre les intérêts de sa couronne, il faisait, comme on disait, rendre gorge aux traitants, ou il lançait contre les Juifs ou d'autres catégories de citoyens, l'accusation d'hérésie, ou de quelque crime abominable, et il s'emparait de leurs biens.

Sous la Révolution, on ne s'est guère plus gêné ; et, quand on se trouva en présence de la situation créée par la monarchie, menacé par la banqueroute ; quand, de plus, on se trouva obligé de faire face aux nécessités de la guerre civile et étrangère, on s'empara des biens de la noblesse et du clergé et on les fit vendre comme propriétés nationales.

C'est précisément cette vente, faite à vil prix, qui fut l'origine de la fortune de la plupart des bourgeois de nos jours ou des conservateurs.

Mais, aujourd'hui, nous ne pouvons nous défendre de faire un certain rapprochement entre les situations où se sont trouvées l'ancienne monarchie et la Révolution, et la situation actuelle. Bientôt, il sera devenu impossible, avec les ressources actuelles du budget, de faire face aux nécessités de l'État, et il sera devenu non moins impossible de mettre de nouveaux impôts sur le pauvre. D'un autre côté, les fortunes vont toujours grossissant, et le moment n'est pas éloigné où la fortune publique sera tout entière entre les mains de quelques individus. Qu'on y réfléchisse ; voilà M. de Rothschild qui, il y a moins d'un siècle, était un petit prêteur sur gages à Francfort. Sous l'Empire, M. de Rothschild fit de la contrebande et, à l'occasion du blocus continental, il inonda toute l'Europe des produits anglais. Plus tard, sous la Restauration, M. de Rothschild

fut chargé par les alliés de percevoir l'énorme
indemnité de guerre à laquelle avait été con-
damnée la France, et il réalisa des bénéfices
considérables. C'est même à cette époque que
la plupart des historiens font remonter l'origine de la fortune de M. de Rothschild. Quoiqu'il en soit, le petit prêteur sur gages de
Francfort, M. de Rothschild, est aujourd'hui,
comme nous l'avons dit, possesseur d'une fortune évaluée à plusieurs centaines de millions
et il traite d'égal à égal avec les puissances
politiques. Il en est de même de plusieurs sociétés commerciales, industrielles ou financières, avec lesquelles les gouvernements sont
obligés de compter et qui, comme on l'a vu
dernièrement pour la Compagnie du Gaz, les
Compagnies de chemins de fer, etc., arrivent
à lui dicter des conditions.

Où irons-nous avec cet accroissement indé-
fini des fortunes, et combien faudra-t-il aux
Compagnies ou aux sociétés dont nous parlons
et à quelques individus pour s'emparer de la
fortune publique et réduire le peuple de France
à l'impuissance ? Le peuple voit le danger, et

voilà pourquoi, comprenant que l'on ne fait rien pour le conjurer, il s'irrite et cherche à faire des révolutions. Les révolutions ne peuvent réussir ; mais le peuple de France mourra à la peine, ou on donnera satisfaction à ses intérêts matériels et moraux.

II.

De la politique de l'ancien parti ré-publicain, et de son impuissance à fonder le gouvernement et la société.

De quoi s'agissait-il en 1789 ? De fonder l'unité, c'est-à-dire de réunir dans une pensée commune l'immense majorité de la nation française. En d'autres termes, il s'agissait, comme nous l'avons dit, de substituer à l'ancienne idée catholique qui avait fait son temps et que la monarchie elle-même était impuissante à maintenir, l'idée nouvelle de la liberté et de la justice.

Au lieu de cela, qu'est-il arrivé ? Les hommes qui, en 1789 et 1793, se trouvèrent chargés des destinées du pays, cherchent à continuer l'ancien régime et à maintenir le système catholique d'après lequel l'homme n'a de justice à espérer que dans le ciel.

Ici, nous ne nous faisons aucune illusion et nous ne distinguons guère entre les constitutionnels de 1789 et les révolutionnaires de 1793. Que nous fait la violence des procédés, et n'est-ce pas toujours le peuple que l'on veut maintenir parqué, isolé, esclave de la superstition et des préjugés? Y a-t-il, nous le demandons, une différence entre Robespierre qui veut fonder une religion nouvelle et établir le culte de l'Être suprême, et les constitutionnels de 1789 qui veulent maintenir le pur système catholique ?

Écoutez Robespierre, qui parle à la tribune du club des Jacobins : « Je soutiens, moi, ces « éternels principes sur lesquels s'appuie la « faiblesse humaine pour s'élancer à la vertu ! « Invoquer la Providence et émettre l'idée de « l'Être éternel, qui influe essentiellement « sur les destins des nations, qui me paraît « veiller d'une manière toute particulière sur « la Révolution française, n'est point une idée « trop hasardée, mais un sentiment de mon « cœur!... »

Robespierre dit encore, à la même tribune

des Jacobins, dans une discussion sur le budget
des cultes : « Faites-y bien attention : quelle
« est la portion de la société qui est dégagée
« de toute idée religieuse? Ce sont les riches...
« Qui sont ceux qui croient à la nécessité du
« culte? Ce sont les citoyens les plus faibles
« et les moins aisés... Ce sont donc les citoyens
« pauvres qui seront obligés de supporter les
« frais du culte, ou bien ils seront encore, à
« cet égard, dans la dépendance des riches ou
« dans celle des prêtres; ils seront conduits à
« mendier la religion, comme ils mendient du
« travail et du pain; ou bien encore, réduits
« à l'impuissance de salarier les prêtres, ils
« seront forcés de renoncer à leur ministère;
« *et c'est la plus funeste de toutes les hypothèses;*
« *car c'est alors qu'ils sentiront tout le poids de*
« *leur misère, qui semblera leur ôter tous les*
« *biens, jusqu'à l'espérance!* »

Du reste, Danton, dans le même ordre d'idées,
avait déjà dit, à la tribune de la Convention
nationale : « Il faut se défier d'une idée jetée
« dans cette Assemblée. On a prétendu que les
« prêtres ne devaient pas être salariés par le

« Trésor public... Mais l'homme maltraité de la
« fortune, *cherche des jouissances éventuelles ;*
« quand il voit un homme riche se livrer à tous
« ses goûts, caresser tous ses désirs, tandis
« que ses besoins à lui sont restreints au plus
« étroit nécessaire, *alors il croit, et cette idée*
« *est consolante pour lui, il croit que, dans une*
« *autre vie, ses jouissances se multiplieront en*
« *proportion de ses privations dans celle-ci.*
« Quand vous aurez eu pendant quelque temps
« des officiers de morale qui auront fait péné-
« trer la lumière dans les chaumières, alors il
« sera bon de parler au peuple morale et phi-
« losophie. Mais jusque-là, *il serait barbare,*
« *c'est un crime de lèse nation que de vouloir*
« *ôter au peuple, des hommes dans lesquels il*
« *peut trouver encore quelques consolations !* »
Dans un manifeste adressé au nom de la
Convention nationale aux peuples et aux rois
de l'Europe, Robespierre aussi dit : « La Con-
« vention n'est point un faiseur de livres, un
« auteur de système métaphysique : elle est
« un corps politique et populaire... et ce n'est
« point en vain qu'elle a proclamé la décla-

« ration des droits de l'homme en présence de
« l'Être suprême... L'idée d'un grand Être *qui*
« *veille sur l'innocence opprimée et punit le*
« *crime triomphant* est toute populaire... Si
« Dieu n'existait pas, il faudrait l'inventer...
« Le peuple français n'est attaché ni aux prê-
« tres, ni à la superstition, ni aux cérémonies
« religieuses ; *mais il l'est à l'idée d'une puis-*
« *sance incompréhensible, effroi du crime, et*
« *soutien de la vertu.* »

On le voit, Robespierre et Danton voulaient
entretenir dans le peuple l'illusion dangereuse
qu'il n'y a de justice à espérer que dans le ciel.
Il ne faut pas chercher ailleurs la raison de
l'échec de la première tentative pour établir la
République. L'homme veut être libre, et il faut
qu'il ait l'esprit délivré de la superstition et
des préjugés ; il veut établir la justice, et il
faut qu'il sache qu'il n'a de justice à espérer
que celle qu'il pourra se faire à lui-même !

III.

De la politique du nouveau parti républicain, et de son impuissance
également à fonder le gouvernement et la société.

C'est une chose digne de remarque que, après
le 18 Brumaire, le parti républicain, qui avait
occupé dans l'histoire une si grande place et
mis fin à la guerre civile et étrangère, dispa-
raisse complètement et qu'on n'en trouve plus
en France aucune trace.

Il ne faut pas prendre en effet, pour les ma-
nifestations d'un parti l'opposition qui, pendant une partie du règne de Louis-Philippe et
sous la Restauration, fut faite au gouvernement sous prétexte de la République.

Il faut en venir aux approches de la révolution du 24 Février et aux dernières années du

règne de Louis-Philippe, pour trouver dans l'histoire les traces d'un parti républicain ayant ses idées, ses hommes d'État ou ses hommes politiques, ses écrivains, ses littérateurs, en un mot, tout ce qui, à un moment donné, peut constituer la vie et le gouvernement d'une nation.

Or, quelles étaient les idées des hommes qui, en 1848, se trouvèrent chargés des destinées de la République et quel gouvernement entendaient-ils établir ? Il faut bien le dire, les hommes dont nous parlons n'avaient pas à proprement parler de système de gouvernement et, sous des noms nouveaux, ils voulaient, comme les hommes de 1789 et de 1793, continuer l'ancien régime et maintenir les institutions du passé.

En effet, qu'il s'agisse de la question des rapports de l'État avec l'Église ou de l'instruction publique, on ne voit chez les hommes de 1848, surgir aucune idée capable de remplacer l'ancienne idée catholique et de régénérer la société.

La plupart se contentent de mots vagues,

vides de sens, sonores. Les uns, comme Ledru-Rollin, séduits par l'énergie déployée contre les ennemis de la patrie par les hommes de la Convention nationale et du Comité de salut public, par le talent des orateurs, l'éclat des victoires remportées par les généraux et la bravoure des soldats, croyaient avoir assez fait quand, dans de beaux discours, ils avaient défendu les droits du peuple imprescriptibles et pourfendu les tyrans. Du reste, toujours prêts, ces hommes, à faire au jour le jour ce qui était nécessaire; mais incapables d'une idée pouvant donner satisfaction au peuple, et régénérer la société.

D'autres, il est vrai, comme Louis Blanc, posaient la question sur le terrain social; mais hantés par l'esprit d'utopie, ils voulaient faire de la France un immense atelier où ils auraient distribué le travail et fixé les salaires. Prêtres d'un nouveau genre, ils auraient établi la justice peut-être, mais non la liberté. Or, la France veut la liberté et la justice; non la justice qui abaisse, mais celle qui élève; en un mot, la justice qui a pour moyen la liberté et qui tend à se confondre avec elle.

Et voilà pourquoi, les hommes de 1848, ne pouvant donner satisfaction à la France, furent renversés et échouèrent dans leur tentative pour établir la seconde République.

Après le rétablissement de l'Empire, le parti républicain, qui avait été dispersé aux quatre vents de l'horizon, se reconstitua, et les Jules Favre, les Jules Simon, les Ernest Picard, et, plus tard, les Jules Ferry et les Gambetta, allèrent, dans le corps législatif impérial, déployer le drapeau des revendications populaires. Mais quelles étaient les idées de ces nouveaux chefs du parti républicain, et comment entendaient-ils le gouvernement?

Il faut bien aussi le dire, les idées de ces nouveaux chefs du parti républicain et leur système de gouvernement ne se distinguaient guère de ceux de leurs devanciers, et, comme ceux-ci, ils voulaient continuer l'ancien régime et maintenir les institutions du passé.

Ah! sans doute, leur programme était en apparence plus complet et, ce que n'avaient guère fait leurs devanciers, ils parlaient de la séparation de l'Église et de l'État, de la liberté de la presse, de la liberté de réunion et d'association, en un mot, de toutes les libertés.

Mais à quoi, nous le demandons, ont servi ces pompeuses déclarations et ont-elles pu résister à la lumière de l'expérience ? N'est-il pas vrai au contraire que les nouveaux chefs du parti républicain dont nous parlons n'ont, une fois arrivés au pouvoir, accordé que les libertés qui ne pouvaient leur nuire et que, aussitôt que ces libertés paraissaient dégénérer et constituer un danger pour la société, ils les ont restreintes et réduites à néant ?

N'est-ce pas là ce qui est déjà arrivé, et les congrégations religieuses, les manifestants de la place de la Bourse et de l'esplanade des Invalides, enfin maints procès de presse, ne sont-ils pas là pour attester la vérité de ce que nous avançons ? N'est-ce pas là ce qui pourrait encore arriver, et le Gouvernement n'est-il pas toujours disposé à prendre toutes les mesures que nécessiteraient la sécurité publique et l'intérêt de l'État ?

Est-ce à dire que nous critiquons les mesures que le Gouvernement a déjà prises et celle qu'il pourrait encore prendre pour assurer, comme nous venons de le dire, la sécurité publique et l'intérêt de l'État? Non; mais ce que nous voulons prouver, c'est qu'il n'y a pas de libertés ni de réformes possibles sans la véritable liberté et la justice.

Le gouvernement, tel qu'il est aujourd'hui constitué, suit une politique exclusivement bourgeoise; il représente, qu'il le veuille ou non et quelles que soient d'ailleurs les opinions personnelles de chacun de ses membres, les intérêts exclusifs de la classe bourgeoise et il est absolument certain que, dans cet état de choses, toutes les libertés et les réformes se retourneraient contre le gouvernement et n'aboutiraient qu'à le renverser.

Il faut donc en venir à une politique vraiment démocratique, qui permette toutes les réformes et toutes les libertés, et qui donne satisfaction à tous les intérêts du peuple et de la bourgeoisie. Maintenant, comment en viendra-t-on à cette politique franchement démocratique, qui donne satisfaction à tous les intérêts du peuple et de la bourgeoisie, et qui permette toutes les réformes et toutes les libertés ? C'est ce que nous allons, dans quelques-uns des chapitres qui vont suivre, essayer d'expliquer et de faire comprendre.

IV.

De la situation politique actuelle, et du défaut de principes aujourd'hui des républicains.

Nous avons, dans les deux derniers chapitres qui précèdent, essayé de faire comprendre que le parti républicain, depuis sa fondation jusqu'aujourd'hui, n'avait, soit au pouvoir, soit dans l'opposition, émis aucune idée ni établi aucun système de gouvernement qui fût sa justification dans l'histoire et qui lui permît de régénérer la société.

Aussi ce parti, chaque fois qu'il est tombé du pouvoir, ne pouvait prétendre à des regrets pour quelque œuvre qu'il aurait laissé inachevée ou interrompue et qui intéressait le salut du pays. Le parti dont nous parlons ne faisait rien, et il ne voulait rien faire ; il ne pouvait donc, en tombant, exciter dans le pays aucun regret.

Aujourd'hui n'en est-il pas un peu de même et le parti républicain, s'il éprouvait demain quelque nouvelle chute, causerait-il plus de regrets ? Laisserait-il inachevée ou interrompue quelque œuvre qui importe au salut du pays et à la régénération de la société ?

Ah ! sans doute, et nous ne faisons aucune difficulté de le reconnaître, il y a aujourd'hui plus de libertés que sous l'empire et les affaires de la France sont traitées avec plus de calme, de sagesse et de prudence. Le parti républicain a eu la bonne fortune, dans ces derniers temps, d'avoir à sa tête des hommes d'un talent réel et qui n'auraient pas été déplacés dans les conseils de la monarchie. De plus, ces hommes sont libres des préjugés et de la superstition et ils paraissent avoir l'esprit ouvert aux idées nouvelles. D'où vient donc que les hommes dont nous parlons ne font rien, et qu'ils laissent le peuple plongé dans l'ignorance et la misère ?

D'où vient qu'ils ne font rien, et qu'ils n'appellent pas le peuple à la connaissance de la vérité et à la lumière ? Car c'est un fait que, sous ce rapport, on n'a rien fait dans le parti républicain et que l'on n'y paraît guère plus disposé à faire. Il y a quelque six ou huit mois, un écrivain de grand talent, rédacteur en chef d'un des journaux de l'extrême-gauche, promettait, en réponse à une lettre qui lui avait été écrite en fort bons termes par le citoyen Daynaud, de traiter dans son journal la question de la justice et d'indiquer ce qu'il y a à faire.

Depuis, nous avons lu attentivement le journal en question mais nous n'y avons trouvé aucune trace de la réponse promise au citoyen Daynaud !

Quelque temps auparavant, pendant une crise commerciale et industrielle, des délégués s'étant présentés au Palais Bourbon, furent reçus par un illustre député, bien connu par l'énergie avec laquelle il défend ses idées et ses opinions. Mais, comme cet illustre député demandait aux délégués ce qu'ils voulaient et ce qu'il y avait selon eux à faire, il s'entendit faire cette réponse par le citoyen J.-B. Clément,

ancien membre de la Commune : « Comment,
« j'ai un bras cassé ; vous êtes médecin, et vous
« me demandez ce qu'il y a à faire ! »

Il est certain en effet que c'est aux hommes
politiques, et à ceux qui se présentent pour
régénérer la société, qu'il appartient d'indiquer
le remède et de circonscrire le mal au milieu
duquel se débat cette société. Or, nos hommes
politiques ne font rien et nous ne distinguons
pas ici entre ceux de l'extrême-gauche, de la
gauche radicale ou de l'union républicaine. La
plupart d'entre eux, pris isolément, ont quelque valeur et ils sont dévoués à la France et à
la République ; mais réunis, pris, en commun,
il se dégage de leurs délibérations quelque
chose de mesquin, une volonté bien arrêtée de
ne pas s'engager en avant, de ne rien changer
à l'état de choses ; car, à cela, il y aurait trop
de difficultés et de périls ; en un mot, de suivre
comme leurs prédécesseurs de l'empire et des
deux premières Républiques, une politique exclusivement bourgeoise.

Voilà la politique des groupes dont nous
parlons ; et, si nous nous trompons, nous sup-

plions qu'on le démontre. Mais, que l'on nous montre un plan ou un projet de gouvernement, émané de l'initiative de quelques-uns des membres de ces groupes et qui amènerait une amélioration réelle du sort moral et matériel du peuple; voilà ce dont nous défions. On dira que l'on a, dans ces derniers temps, voté des lois sur l'instruction publique et quelles n'ont pu encore produire tout leur effet. Nous répondrons que ces lois ne peuvent produire l'effet qu'on en attend, et qu'elles n'amèneront aucune amélioration dans le sort du peuple. Dernièrement, un de nos maîtres et amis, personnage éminent, faisant une conférence dans une grande ville de province, rappelait que Turgot, à la veille de la Révolution, disait que l'instruction seule pouvait transformer l'ancienne société, mourant de ses abus et de ses iniquités (1).

---

(1) L'éminent maître et ami dont nous parlons, dans une autre partie de sa conférence, dit que : « La démocratie doit se « modérer, sinon elle périra. » Mais, cher et éminent maître et ami, la démocratie ne peut pas se modérer et il faut qu'on lui donne satisfaction. Croyez-le, la démocratie ne saurait être satisfaite par les conceptions qui règnent aujourd'hui dans les régions gouvernementales ; il lui faut d'autres conceptions plus en rapport avec ses vœux et ses besoins......

Chateaubriand aussi, sous la Restauration, se vantait, si on voulait lui donner le Ministère de l'instruction publique pour un an, de changer l'esprit public et de le ramener à l'Église ou à la monarchie. Mais ni Chateaubriand, ni Turgot n'entendaient l'instruction telle qu'on l'entend aujourd'hui. Ils ne s'occupaient ni de faire des bacheliers, ni, chose bien utile pourtant, de créer des écoles professionnelles ou d'établir l'enseignement secondaire ; ils ne se seraient guère plus occupés, nous le croyons, des manuels civiques où l'on apprend aux enfants leurs devoirs, comme on apprenait autrefois aux soldats la charge en douze temps, par demandes et par réponses.

Non, ce que voulaient Turgot et Chateaubriand, c'était de s'emparer de l'âme de la France ; c'était de lui présenter un tel idéal qu'elle voulût y atteindre et que, en même temps, elle trouvât le moyen de l'appliquer dans la vie de chaque jour ; c'était, en un mot, de lui enseigner la liberté et la justice.

Que, dans des écoles spéciales, on enseigne aux enfants les sciences pures et les arts ; que, d'un autre côté, les économistes ou d'autres hommes spéciaux enseignent à tirer profit de l'enseignement populaire et fassent entrer dans la loi ou dans la pratique ce qui, grâce à cet enseignement, aura été définitivement acquis au progrès et à la civilisation; rien de mieux. Mais que l'on n'oublie pas l'enseignement populaire dont nous parlons, l'enseignement de la liberté et de la justice, le seul qui peut faire des citoyens soumis aux lois et dévoués à la patrie, et dispenser d'un autre enseignement.

Non! nos maîtres, vous n'avez rien fait; tout au plus, avez-vous, sur ce terrain spécial de l'éducation et de l'enseignement, créé un immense outillage qui peut, à un moment donné, sauver la patrie et servir à établir la justice; mais, par lui-même, cet outillage n'est rien!

Ainsi donc, il n'y a rien eu de fait depuis que le parti républicain est au pouvoir, dans le sens de la réorganisation de la France et de la République, et on s'est borné à suivre les errements de la monarchie et à vivre au jour le jour. On

a fait à l'Église une guerre à coups d'épingles,
et on s'est entouré des beaux fils de la bourgeoisie dont on a doré la chaîne, en élevant
plus que jamais le chiffre des gros traite-
ments. C'est une véritable dérision aujour-
d'hui que l'administration française, et on
ne peut se défendre d'un véritable sentiment
d'effroi pour le jour, où quelque événement
ou quelque question intéressant la bourgeoisie
et qui aurait été posée, ferait émerger le prétendant et lui donnerait en apparence quelques
chances.

On verrait tous ces fonctionnaires, civils et
militaires, tous ces préfets, ces sous-préfets,
soi-disant républicains, aller chez le prétendant et prendre date. Dès aujourd'hui, leur
langage est significatif. « Mais quoi! disent-
« ils au prétendant et à ses fidèles, il faut des
« fonctionnaires, et nous le sommes pour votre
« service. Vous le savez bien, nous ne pouvons
« pas marcher d'accord avec ces gens-là, les
« républicains, qui sont emportés par la logi-
« que d'une situation et qui ne savent pas eux-
« mêmes où ils vont; nous sommes de cœur

« avec vous. Dans la pratique, nous faisons ce
« que nous pouvons pour empêcher les répu-
« blicains de pénétrer ou d'arriver dans l'ad-
« ministration, et pour y maintenir les prin-
« cipes conservateurs. En attendant, vous avez
« des gages : nos femmes, nos enfants, sont
« restés entre les mains de l'Église et vous
« avez vu les premières se distinguer dans la
« résistance qui fut organisée contre nous-
« mêmes pour soutenir les bons pères et les
« congrégations religieuses ! »

Voilà le langage que tiennent aujourd'hui au prétendant et à ses fidèles les fonctionnaires prétendus républicains dont nous parlons, et ce langage est entendu. Le prétendant et ses fidèles, loin de considérer ces fonctionnaires comme des ennemis, les considèrent au contraire comme des amis, obligés de passer un moment dans le camp ennemi mais qui reviendront à la première occasion favorable. Le plus curieux dans cette affaire, c'est que ce sont les radicaux qui se laissent le plus facilement tromper et qui soutiennent avec le plus de désinvolture les épaves de la réaction. Le Conseil municipal d'une grande ville bien connue composé en majorité de radicaux, a toujours couvert de sa protection spéciale, les hommes les plus corrompus de l'ancienne administration impériale et, il n'y a que peu de temps, un des membres les plus importants de ce Conseil, a, dans un rapport célèbre, fait l'éloge et décerné les honneurs de l'apothéose à un homme qui, après l'échec des tentatives de restauration monarchique au 16 Mai et quand la France, dans l'élection des 363, s'était prononcée avec éclat pour la forme républicaine, eut le cynisme, lui fonctionnaire républicain et municipal, de présider à Passy contre un républicain aimé de tous, le docteur Marmottan, le comité électoral de M. Buffet, vaincu du 16 Mai.

Vous direz, honorable conseiller rapporteur, que le fonctionnaire dont nous parlons est un homme de valeur et qu'il connaît à fond tous les secrets de sa profession ; mais, vous qui aimez à rappeler les souvenirs de la Convention nationale, il n'aurait pas fallu soutenir devant la grande Assemblée révolutionnaire cette théorie des hommes nécessaires. Elle qui envoyait à l'échafaud comme traîtres tous les réactionnaires, même ceux qui avaient commandé les armées et qui y avaient fait preuve de talents militaires, ne se serait pas arrêtée devant les talents supposés ou réels d'un ingénieur. Vous auriez, honorable conseiller rapporteur, été livré à Fouquier-Tinville, et votre héros, Danton, ne vous aurait pas défendu !

La vérité est que les républicains ont été grisés par l'encens que les réactionnaires ont brûlé devant eux, et par les adulations qu'ils en ont reçues. Napoléon aussi, au témoignage de ses contemporains, préférait les services des hommes de l'ancienne noblesse, habitués aux belles manières et habiles dans l'art de bien dire, à ceux de ses compagnons d'armes ou des anciens révolutionnaires, un peu grossiers et ignorant des usages des cours. Le malheur est que le peuple ne s'occupe guère de ces préférences des républicains plus ou moins arrivés et qu'il leur crie de sa puissante voix : « En avant, pour la liberté et la justice, ou la mort ! »

Et, de fait, il faut que la question de la justice soit posée et qu'on arrive à reconnaître
que toutes ces questions avec lesquelles on a
l'habitude d'agiter et de passionner l'opinion
publique sont inutiles et dangereuses. A quoi
vous servira-t-il en effet d'avoir fait décréter la
séparation de l'Église et de l'État, le scrutin de
liste, la révision de la Constitution illimitée,
et même la suppression de la présidence de la
République et du Sénat? En serez-vous plus
avancés, et pourrez-vous plus donner satisfaction au peuple et établir la justice? Non; il
faut commencer par faire comprendre au peuple
la justice et lui dire ce que vous voulez. Il faut
lui dire que vous voulez d'abord la justice, et
que vous ne considérez les autres réformes que
comme un moyen pour y arriver. En ce qui
concerne l'Église catholique, il faut dire au
peuple que l'on doit considérer l'Église comme
une aïeule vénérable qui voudrait retenir en
lisière son enfant, alors qu'il est devenu grand;
il faut s'arracher aux étreintes de l'Église,
conquérir malgré elle et contre elle sa liberté,
mais sans violence. Il faut arriver à remplacer

l'Église dans le gouvernement de la société, mais pour cela il n'y a qu'à enseigner la foi opposée au principe de l'Église, la foi dans la liberté et la justice.

V.

Du seul moyen pour établir le gouvernement et la société, et de la nécessité de la justice.

On dira : mais pourquoi parler de la justice? C'est la première fois, dans l'histoire du monde, que l'on prétend faire intervenir cette question et l'établir comme la base du gouvernement et de la société?

Bien aveugle, est celui qui ne voit pas que l'humanité a toujours marché vers ce but, et que c'est pour y arriver qu'elle a renversé successivement toutes les religions et toutes les superstitions. Au commencement, les sociétés humaines reposaient sur la force pure. Quiconque était armé, puissant, réduisait en esclavage l'individu plus faible et l'obligeait à travailler pour lui.

Plus tard, les prêtres, sous prétexte de défendre les faibles et les opprimés, demandèrent des comptes aux puissants et aux guerriers et les amenèrent à partager avec eux la domination. Il fallut en venir à la Révolution pour que l'idée du travail libre pénétrât dans les esprits, et pour que cette idée pût servir comme de base à la propriété et à la justice.

Mais de combien de voiles l'idée dont nous parlons fut-elle d'abord couverte, et de combien de nuages fut-elle obscurcie ? Les premiers révolutionnaires ne comprirent rien à la question du travail libre et à la justice. Ils firent de la propriété comme un fétiche auquel il était défendu de toucher, sauf en ce qui concernait les biens de la noblesse et du clergé. Leurs déclamations sur la liberté, l'égalité et la fraternité prouvent jusqu'à l'évidence qu'ils ignoraient complètement, les conditions nécessaires du gouvernement et de la société moderne; et cette ignorance n'est égalée que par la naïveté avec laquelle le peuple alors croyait, en faisant des révolutions et en renversant les anciens despotes, s'affranchir et établir la liberté.

En réalité, nous croyons que le peuple ne se souciait guère des libertés invoquées par les meneurs et ceux qui poussaient aux révolutions; mais, malheureux, esclave de la misère et de la superstition, il espérait peut-être que, de toutes ces révolutions, il sortirait quelque chose d'heureux pour lui et que les nouveaux maîtres qu'il aurait servis lui garderaient quelque reconnaissance.

Le peuple se trompait, et il n'est sorti de toutes les révolutions dont nous parlons qu'un accroissement de maux pour lui et un affaiblissement des forces de la patrie. Ceux avec qui et pour qui il a fait ses révolutions, ne lui en ont su aucun gré; ils se sont rangés, au lendemain de la révolution qui a fait leur fortune ou leur a donné le pouvoir, derrière les anciens conservateurs et ils sont devenus ses pires ennemis. Aujourd'hui, il n'y a plus que quelques cœurs généreux qui, sous le nom de collectivistes, d'anarchistes ou de socialistes, défendent les droits du peuple et cherchent à établir la justice; ils se trompent sur les moyens. Le gouvernement et la grande masse du parti républicain, eux, croient que parce que les socialistes, les collectivistes ou les anarchistes se trompent sur les moyens pour améliorer le sort du peuple et établir la justice, il n'y a rien à faire et qu'il faut suivre l'ancienne politique exclusivement bourgeoise. Il en résulte que Paris et toutes les grandes villes échappent de plus en plus à l'action gouvernementale, et qu'on les voit aujourd'hui nommer pour les représenter au Parlement des intransigeants.

Encore, si ces intransigeants avaient un but déterminé et s'ils savaient où ils conduisent le peuple ; mais il est certain que les intransigeants ne savent pas où ils conduisent le peuple et qu'ils n'ont aucun but déterminé. Où irons-nous avec cette absence de Gouvernement ou cette action gouvernementale s'exerçant dans le sens exclusivement bourgeois d'un côté, et, de l'autre, avec cette impuissance de l'opposition à conduire le peuple dans les voies de la justice et de la liberté, sinon à l'anarchie d'abord, au désordre ensuite, puis à une dictature militaire et au rétablissement du despotisme ?

Nos amis sont de bonne foi, et ils croient véritablement travailler à l'établissement de la République quand ils ne font qu'ergoter, épiloguer sur toutes les questions sans en résoudre une seule.. Ils devraient pourtant savoir que le peuple, comme on l'a dit vulgairement, ne s'amuse guère aux bagatelles de la porte et qu'il lui faut quelque chose de certain et de réel. Ah! sans doute, on peut s'y tromper et croire pendant quelque temps que l'on a pour soi le peuple. Le peuple peut paraître vain, léger, oublieux de ses droits et de ses intérêts, et de la liberté et de la justice ; mais bientôt le peuple se retrouve, et il demande aux charlatans de la politique et à ceux qui l'ont trompé un compte sévère de leur conduite.

N'avons-nous point vu, depuis bientôt un siècle, assez de gouvernements renversés et qui tous, à un moment donné, avaient joui de la confiance de la nation et paraissaient devoir durer toujours?

L'empire, la Restauration, la monarchie de Juillet, ont été tour à tour acclamés par la France, et il ne dépendait pas de leurs adversaires de les renverser. Pourtant, ils sont tombés, et, au jour de leur défaite, la France tout entière s'est retrouvée pour les condamner ; mais pourquoi ? Est-ce parce que, en ce qui concerne la monarchie de Juillet, cette monarchie s'était refusée à l'adjonction des capacités et à la réforme électorale ; est-ce parce que, en ce qui concerne la Restauration, son gouvernement avait violé la Charte et rendu les fameuses ordonnances de Juillet ; est-ce parce que, en ce qui concerne l'empire, son gouvernement avait attiré l'ennemi sur le territoire et qu'il n'avait pas su défendre l'intégrité de la patrie ? Non ; ces raisons, pour graves qu'elles fussent, ne suffisaient pas, et il fallait que les gouvernements ou les régimes dont nous parlons eussent trompé la nation dans son sentiment le plus intime. Croit-on, par exemple, en ce qui concerne l'empire, que la France lui en a voulu de n'avoir pas su la défendre et de ce qu'elle a été obligée de payer à l'étranger une indemnité de cinq milliards et de lui livrer deux provinces ?

Non ; la guerre avait été entreprise par le

gouvernement d'accord avec le sentiment intime de la nation ; cette guerre fut malheureuse, mais l'Empire en a été la première victime et la France ne lui en a point voulu. Il en est de même en ce qui concerne la monarchie de Juillet et la Restauration. Croit-on que, en 1830, la nation se souciait des ordonnances et de la restriction qu'elles prétendaient apporter à la liberté de la presse?

Croit-on que, en 1848, l'immense majorité de la nation se souciait de la réforme électorale et de l'extension du droit de suffrage? Non, encore une fois non ; mais les gouvernements dont nous parlons avaient tous, comme nous l'avons dit, trompé la nation dans son sentiment le plus intime. Élevés pour établir la justice et pour marcher dans la voie du progrès et de la civilisation, ils avaient tous forfait à leur mission et étaient devenus des agents des pouvoirs rétrogrades. Il en était résulté que la France, qui les avait acclamés au début et alors qu'elle croyait que ces gouvernements accompliraient leur œuvre, les condamna ensuite quand elle vit qu'ils ne feraient rien et qu'il n'y avait rien à attendre d'eux.

Et il en sera de même de la République, si elle ne remplit pas les espérances que son avènement a fait concevoir et si elle ne fait rien. Pourquoi, nos maîtres, croyez-vous avoir été élevés au pouvoir et placés à la tête de la République ? Est-ce pour faire — ou ne pas faire — l'expédition du Tonkin, ou celle de la Tunisie, ou encore pour voter quelques lois sur la réorganisation de l'armée ou sur l'instruction publique ? Non ; tous les gouvernements qui se sont succédé en France depuis la Révolution auraient fait sur ce point la même chose que vous, et ce n'eût pas été la peine de les renverser. Mais ce que nul gouvernement n'a fait et ce que vous étiez chargés de faire, c'était de reprendre en sous-œuvre la Révolution qui a échoué et qui, si l'on n'y prend garde et quoiqu'en dise notre cher et éminent maître et ami dont nous parlions dans le chapitre qui précède, n'aura été qu'une sanglante inutilité ou, pis, un élément de dissolution pour la société française ; c'était de changer les mœurs et l'esprit public, les arts, la littérature, l'histoire, en un mot, d'accomplir l'œuvre de la civilisation et du progrès et d'établir la justice.

Et, en vérité, on reste confondu devant le degré de naïveté ou d'optimisme où sont arrivés quelques-uns de nos amis et certains de nos hommes politiques. Quoi! vous voulez fonder la République, et vous ne vous apercevez pas que l'état de division où se trouve aujourd'hui la France est un obstacle insurmontable à vos projets.

Vous ne vous apercevez pas que chaque jour qui s'écoule voit creuser davantage l'abîme qui sépare les classes riches et ceux qui possèdent, des classes pauvres et des malheureux. Vous ne vous apercevez pas que, aussitôt qu'un individu dans notre société est devenu riche, il entre dans le camp de la réaction et va grossir les rangs des ennemis de la liberté et de la justice. Quant à nous, nous sommes effrayés quand nous voyons ces fils de la bourgeoisie devenus riches conduits par des jésuites et élevés par eux dans la haine des principes proclamés par la Révolution française.

Nous comprenons qu'il y a en présence deux Frances, l'une élevée, comme nous l'avons dit, par les jésuites et ennemie des principes proclamés par la Révolution française; l'autre, dévouée à ces principes mais trahie par son gouvernement qui la laisse sans direction et sans organisation.

Ah! s'il ne s'agissait que d'une République comme la nôtre, qui laisse le champ libre aux hommes de la réaction et leur permet d'espérer de voir un jour rétablir leur système de gouvernement, tout le monde sans doute serait républicain. Les bonapartistes seraient républicains avec l'espoir d'évincer leurs ennemis les orléanistes; ceux-ci seraient républicains avec l'espoir d'évincer leurs ennemis les bonapartistes. Les cléricaux seraient républicains avec l'espoir de vendre leur concours aux partis politiques, et de se faire payer le plus cher possible. Enfin, la masse de la nation elle-même serait républicaine avec l'espoir de ne rien changer à ses habitudes et de continuer à dormir du sommeil de la mort.

Cette situation, où tout le monde en France était républicain, s'est trouvée après la révolution du 24 Février 1848. Les Rouher, les Billaut, les Louis Bonaparte prêtaient à cette époque serment de fidélité à la République et faisaient des professions de foi ultra-républicaines. Le peuple élisait une Assemblée en grande majorité républicaine; et cette Assemblée, non contente de proclamer dans la salle de ses séances la République comme le gouvernement légal de la France, la proclamait sur les marches du Palais-Bourbon sept fois en un seul jour. Enfin, le clergé bénissait les arbres de la liberté et adressait au ciel ses prières et ses vœux les plus ardents pour le triomphe et le succès du gouvernement républicain.

Mais où étaient-ils, au lendemain du coup d'État du 2 décembre, tous ces fiers républicains? Où étiez-vous Rouher, Billaut, Louis Bonaparte, et le peuple lui-même et le clergé? Où êtes-vous Émile Ollivier, Darimon? Où auriez-vous été Jules Favre, Ernest Picard, et tant d'autres, si l'empire, au lieu d'avoir été vaincu, avait battu les Prussiens? Où seriez-vous X..., X..., et vous tous qui peuplez aujourd'hui les administrations de la République et qui tenez dans vos mains ses destinées, si les deux coups d'État parlementaires du 24 Mai et du 16 Mai avaient réussi et si le maréchal de Mac-Mahon avait pu rétablir la monarchie? Où serez-vous demain, si quelque événement ou quelque malheur public venait à renverser la République et à rétablir la monarchie ?

Et il ne peut en être autrement. Comment veut-on que tous ces hommes, comment veut-on que la France elle-même soit républicaine et qu'elle ait renoncé à la monarchie, puisque l'on n'a rien fait pour lui faire comprendre la République et pour lui en enseigner les principes. Il n'y a, encore une fois, qu'une foi qui peut remplacer une autre foi ; et, tant que l'on n'aura pas enseigné au peuple la foi dans le principe démocratique et dans la justice, il restera soumis à la foi dans le principe catholique et à la monarchie.

Et cela est si vrai que, chaque jour, nous voyons les esprits les plus éminents sombrer sur cette question de l'éducation ou de la justice et ne pas concevoir un état, d'où le principe catholique serait exclu et où il n'aurait pas la première place. Et ici, il ne s'agit pas, bien entendu, de l'opinion que l'on peut professer sur le catholicisme au point de vue particulier ; il s'agit de la manifestation de cette opinion, et de la manière dont on veut la faire entrer dans la pratique. Or, nous avons vu des libres-penseurs comme M. Thiers, et des protestants comme M. Guizot, s'entendre pour maintenir le principe de l'Église et pour s'en servir comme d'un moyen de gouvernement.

On se rappelle cette histoire qui a couru dans tous les journaux, pendant une de nos dernières périodes électorales. M. de Rothschild, à Ferrières, était candidat à un siège de conseiller général et il était accusé de cléricalisme. « Comment ! dit-il un jour, à un des électeurs, paysan ; mais je suis israélite. — N'importe, lui répondit ce paysan, vous êtes clérical tout de même ! »

Et le paysan dont nous parlons avait raison.
Le cléricalisme n'est pas en effet une religion
ou une opinion avec laquelle on pourrait vivre ;
c'est un système de gouvernement, et, tant que
l'on n'aura pas mis à la place de ce système de
gouvernement, un autre système basé sur la
raison et la justice, on n'aura rien fait. Bien
plus, on ne pourra rien faire et ici nous défions
en particulier ceux de nos amis qui parlent le
plus haut d'aboutir ou de la politique des résultats, d'arriver à l'amélioration du sort du
peuple avant d'avoir changé l'esprit public et
de lui avoir inculqué l'idée de la justice.

Malheureusement, certains des amis dont
nous parlons ne veulent rien faire et ils ne
comprennent pas les moyens pour établir en
France le gouvernement et la nécessité de la
justice. Ils croient que la justice pourra s'établir d'elle-même et, qu'en tous cas, le gouvernement n'a pas à s'en occuper même au point
de vue de l'éducation ; et, en ce qui concerne
le gouvernement, ils croient qu'il ne s'agit que
de quelques ruses ou de quelques habiletés, en
d'autres termes de faire, comme il a été dit si

souvent, la même chose que les anciens monarchistes mais mieux.

Dans peu, ils vont s'occuper des élections et chercher à se faire nommer sénateurs ou députés. Ils vont tromper le peuple ; sans le vouloir, nous le savons bien ; mais enfin tromper le peuple. Ils vont se livrer à des jeux d'équilibristes devant le suffrage universel, et promettre de s'occuper de l'amélioration morale et matérielle du peuple ; puis, une fois nommés, ils vont — cela est triste à dire, mais il le faut ! — se livrer à des intrigues de couloir et chercher à faire prédominer un groupe sur un autre groupe. Eh mon Dieu, nous ne disconvenons pas que ces choses ont leur intérêt et que, de plus, chaque groupe croit travailler le plus efficacement à l'amélioration du sort du peuple et à son affranchissement moral et matériel ; mais, et ici nous supplions nos amis d'y réfléchir, ce n'est pas parce que tel groupe prédominera sur tel autre que nous serons plus avancés et que cette question de l'amélioration du sort du peuple et de son affranchissement moral et matériel sera résolue. Il faut en venir à la conciliation ; mais ce n'est pas par des raisons tirées du sentiment ou parce que la conciliation entre les républicains est nécessaire que l'on pourra y arriver ; c'est par une grande idée qui s'impose à tous les véritables républicains, et qui les oblige à la défendre. Tant que la République a été menacée, comme au 24 Mai et au 16 Mai, on a dû s'unir pour la défendre et faire abnégation de ses idées et de ses opinions ; mais aujourd'hui, quand la République est fondée ou que, du moins, ses destinées reposent entre les mains de ses partisans, chacun a le droit de suivre pour sa défense et sa conservation, les inspirations de sa conscience et les suggestions de son esprit.

Chacun a aussi le droit de critiquer les opinions et les moyens de ses adversaires. Les opportunistes ont, par exemple, le droit de reprocher aux intransigeants de surexciter le sentiment populaire et de conduire, par le désordre et l'anarchie, à une dictature militaire et au césarisme. De leur côté, les intransigeants peuvent reprocher aux opportunistes de mentir à toutes les promesses qu'ils avaient faites au

peuple dans l'opposition et de conduire, par
l'ennui et le dégoût, au rétablissement de la
Monarchie. Les uns et les autres peuvent avoir
raison ; mais ceci vient de ce que, comme nous
l'avons dit, les républicains manquent d'une
grande idée qui s'impose, et qui soit leur justification dans l'histoire et leur raison d'être
dans la société. A quoi bon, encore une fois,
avoir renversé la monarchie pour faire comme
la monarchie et pour ne rien changer à la
société. Nos amis du groupe opportuniste
— nous avons aussi, nous le croyons, dans
le groupe intransigeant des amis; — nos
amis du groupe opportuniste, disons-nous,
devraient comprendre que l'empressement ou la
facilité avec laquelle un certain nombre de ceux
qui les entourent aujourd'hui sont venus à la
République, prouve que le système qu'ils se
proposaient d'inaugurer n'avait aucune importance au point de vue social et qu'il ne pouvait
améliorer le sort du peuple.

En effet, si les hommes dont nous parlons
avaient cru que le système opportuniste allait
au fond des choses, et qu'il pourrait avoir

un. autre effet que de maintenir les institu tions
du passé, ils ne seraient pas venus à la République et ils seraient restés à la monarchie. Nos
amis du groupe opportuniste ont cru qu'il suf-
fisait de donner à la France un gouvernement,
et que le reste lui viendrait par surcroît. Ils
n'ont pas compris qu'il fallait avant tout poser
les bases du gouvernement et de la société, et
que rien ne pouvait y suppléer. Il faut donc,
encore une fois, établir la justice et fonder sur
cette base le gouvernement et la société.

VI.

Qu'il ne s'agit, au fond dans toutes
nos querelles, que de la question
de la richesse et de la nécessité
de résoudre enfin cette question.

On est obligé de le reconnaître, il y a, dans
le monde politique contemporain et quelles
que soient les appellations qu'on leur donne
et qui résultent pour eux de la malheureuse
classification du parti en intransigeants, opportunistes, radicaux ou modérés ; il y a,
disons-nous, des hommes de valeur et qui
cherchent véritablement à fonder la République et à donner satisfaction au peuple (1).

---

(1) Si l'on pouvait réunir certains membres de l'extrême-
gauche, de la gauche radicale ou de l'union républicaine, — et
ici, bien entendu, nous n'entendons pas seulement les membres
du Parlement, mais aussi quelques-uns de ceux qui, dans le
pays, professent les mêmes opinions. — Si, disons-nous, l'on
pouvait réunir certains membres de l'extrême-gauche, de la

Ces hommes, dans la presse ou dans les réunions publiques et dans des conférences, par la parole ou par la plume, accomplissent une œuvre éminemment utile et dont on ne saurait trop les louer. Toutefois, cette œuvre est restreinte et les hommes dont nous parlons n'ont pas jusqu'ici placé la question sur son véritable terrain. En effet, que l'on assiste aux réunions publiques ou aux conférences faites par ces hommes, ou qu'on lise les journaux qu'ils inspirent, et l'on n'y trouvera que des lieux communs sur la Révolution, sur l'éducation ou sur quelque fait particulier à l'histoire contemporaine. Quelques-uns pourtant, comprenant que ces choses ne peuvent suffire

gauche radicale ou de l'union républicaine et composer avec eux un Parlement, nul doute que les affaires de la France seraient traitées avec plus de vérité et que l'on arriverait à établir la justice.

Mais, où êtes-vous vieux lutteurs de l'empire, et pourquoi ceux d'entre vous qui sont allés siéger à l'union républicaine se laissent-ils circonvenir par les hommes à l'esprit exclusivement bourgeois qui les entourent et ne font-ils rien; et pourquoi ceux qui sont allés siéger à l'extrême-gauche ou à la gauche radicale se perdent-ils dans les intrigues de la politique de chaque jour, et ne cherchent-ils pas à établir la justice ? Hélas trois fois hélas !...

et que la démocratie a des besoins réels, vont plus loin et s'occupent des syndicats professionnels ou des sociétés de secours mutuels. Mais aucun ne s'occupe de la vraie question, de l'unique question, la question de la misère ou de la richesse et des moyens de la résoudre.

Il en résulte que le peuple qui lit les journaux dont nous parlons, ou qui assiste aux réunions publiques et aux conférences, se retire découragé. Quoi ! est-ce donc pour cela qu'on lui avait fait faire tant de révolutions et qu'on l'avait amené à vouloir établir la République ? car, qu'on ne s'y trompe pas, si le peuple aime aujourd'hui par-dessus tout l'instruction ; si, pour envoyer ses enfants à l'école, il fait tous les sacrifices nécessaires et si, pour lui-même, il recherche toutes les occasions de s'instruire, c'est qu'il espère trouver dans l'instruction un remède à ses maux et un moyen pour établir la justice.

Ce n'est pas, comme quelques-uns pourraient le croire, pour que le fils de l'ouvrier ou du paysan puisse devenir un lettré ou un

savant et abandonner le métier de ses pères ;
c'est pour connaître la vérité sociale, la science
morale et politique. Le peuple a été frappé de
cette anomalie qui existe entre un homme comme
M. de Rothschild, riche à plusieurs centaines de
millions, et un ouvrier qui manque de travail
et ne peut subvenir à ses besoins et à ceux de
sa famille ; et il veut en connaître les causes et
rechercher les moyens pour y remédier. Or, tout
homme politique qui ne recherche pas avec le
peuple ces moyens et qui ne lui donne pas ces
connaissances, manque à tous ses devoirs et
trahit les intérêts qui lui sont confiés. Il serait trop facile vraiment de prétendre au rôle
d'homme d'État, et de vouloir gouverner la société. Voilà pourquoi la France, depuis la Révolution, s'enfonce de plus en plus dans l'abîme
où disparaissent les peuples dont la mission est
finie et qui n'ont plus rien à apprendre aux
autres nations. La France manque d'hommes
qui comprennent ses aspirations, et qui aient
la force et l'énergie nécessaires pour leur donner
satisfaction. C'est une véritable course au clo-
cher pour le pouvoir à laquelle se livrent nos

hommes d'État et, quand ils sont arrivés, ils se retournent vers le peuple et ceux qui leur ont aidé et disent : C'est bien, il n'y a plus rien à faire !

Eh si, malheureux ! il y a encore quelque chose à faire et même, on peut dire qu'il n'y a rien eu de fait. De quoi s'agissait-il en effet, en 1789 ? De changer, comme nous l'avons dit, les mœurs et l'esprit public ; de faire entrer dans l'âme des générations les éternels principes de justice et de liberté qui venaient d'être proclamés ; enfin, de faire comprendre ces principes au peuple et de l'amener à les pratiquer. Or, nous le demandons, qu'y a-t-il eu de fait dans ce sens depuis la Révolution et sommes-nous aujourd'hui plus avancés que le premier jour ?

Il faut être enfant en politique pour croire que le peuple peut seul s'élever à la connaissance de la vérité, et qu'il n'a pas besoin d'être aidé. L'histoire est là qui prouve que, à toutes les époques de changement et de rénovation sociale, il y a eu des hommes qui ont initié leurs contemporains à la pratique de la vie civilisatrice et progressive. Ces hommes dans le passé s'appellent Jésus, qui initia et civilisa les chrétiens; Moïse, qui initia et civilisa les Juifs; Mahomet, qui initia et civilisa les Arabes. Aujourd'hui, il s'agit d'appeler à la connaissance des lumières et de la civilisation le peuple de France et un seul homme n'y suffirait pas; il y faut le concours de tous. Il faut que tous ceux qui ont quelque influence dans le gouvernement ou quelque moyen d'action sur leurs concitoyens, usent de ce moyen ou de cette influence pour faire pénétrer, comme nous l'avons dit, la lumière dans l'esprit du peuple et l'appeler à la connaissance de la vérité.

Et à ce propos, on nous permettra de le dire, l'instruction, telle qu'elle est aujourd'hui comprise et qu'on la dispense dans les écoles, n'est qu'un dissolvant et un danger de plus pour la société. En effet, cette instruction, en tant qu'elle s'adresse au peuple, ne peut faire que des déclassés ou des hommes qui n'ayant pu, avec les connaissances qu'ils ont reçues, trouver les moyens de vivre et ayant perdu le goût du travail manuel, considèrent la société comme une ennemie et lui font une guerre acharnée.

En tant que l'instruction dont nous parlons s'adresse aux classes riches et aisées, obtient-elle un meilleur résultat et se fait-elle connaître par des effets plus moraux? Il suffit, pour se convaincre du contraire, de jeter un coup d'œil autour de nous. Sans doute, les classes riches et aisées dont nous parlons ne volent pas, comme on dit vulgairement, dans la poche et, sauf de très-rares exceptions comme Fœder et Bontoux, de l'Union générale, qui sont venus s'échouer en police correctionnelle ou en cour d'assise, elles savent côtoyer les articles du code pénal. Mais combien elles s'en donnent à cœur joie à la Bourse, ou en fondant certaines sociétés industrielles ou financières, à Anzin, au Creuzot ou à Montceau-les-Mines et partout où l'exploitation de l'homme par l'homme est élevée à la hauteur d'un principe, et laisse bien loin derrière elle le système d'exploitation des nègres d'Afrique par les blancs dans les colonies, système qui pourtant a fait couler les larmes et excité les plaintes d'un grand nombre de gens qui auraient bien dû réserver un peu de leur sensibilité pour leurs compatriotes d'Europe malheureux.

Au point de vue patriotique, l'instruction qui est aujourd'hui dispensée dans les écoles obtient-elle au moins des résultats favorables, et est-elle capable d'inspirer le dévouement et le sacrifice? Il est certain au contraire que cette instruction, par son caractère négatif, a comme émasculé la nation et qu'elle a fini par lui enlever sa force et sa virilité. L'idée de patrie n'a pas aujourd'hui en effet la même signification qu'autrefois et, quand le Prussien menace de nous envahir, on sent bien qu'il n'en veut qu'à notre liberté politique et qu'il nous laissera jouir en paix de nos biens et de notre fortune.

Tout au plus pense-t-on que, en cas de guerre malheureuse pour la France, le Prussien demandera une forte indemnité et la cession de quelques nouvelles provinces; mais, en ce qui concerne l'indemnité, n'a-t-on pas toujours la ressource, avec le système d'impôts actuellement en vigueur, de faire porter la partie principale de cette indemnité sur le pauvre et, en ce qui concerne la cession des provinces, n'est-il pas certain que le Prussien respectera la propriété dans ces provinces et que même, étant donné le système fiscal en vigueur de l'autre côté du Rhin, le propriétaire payera pour ses biens un impôt moins élevé.

Voilà les réflexions qui s'agitent dans l'esprit des hautes classes et de la société française, et qui leur ferait prendre leur parti au besoin de la conquête et de l'asservissement. Le mot de 1848 n'a pas cessé d'être vrai : « Il faut que l'ordre se rétablisse, même avec le secours des Cosaques! » Aujourd'hui, nos modernes conservateurs préféreraient voir dans Paris, une garnison prussienne que d'y voir un gouvernement établi sur la liberté et la justice. Bazaine, devant le conseil de guerre de Trianon, ne se vantait-il pas, aux applaudissements d'un grand nombre d'individus et d'un parti tout entier, d'avoir, en livrant ses soldats à la Prusse, conservé à la France une armée avec laquelle elle pourrait rétablir l'ordre troublé à l'intérieur par les républicains ? Et, après le 4

Septembre, n'est-il pas certain que les conservateurs faisaient des vœux pour le succès des armes prussiennes et qu'ils espéraient que le roi de Prusse et M. de Bismarck rétabliraient dans l'intérêt de la solidarité des trônes, l'empire ou la monarchie?

Oui ; on en est venu, avec le système d'instruction et de gouvernement — on devrait plutôt dire de non instruction et de non gouvernement — qui règne en France depuis la Révolution, à compter sur l'étranger pour mettre fin à nos querelles et à n'avoir plus la volonté ni l'énergie de se défendre. Les déclamations et les tirades sur l'air de mourir sur la patrie ne nous font pas illusion; non plus que les armements, que l'on dit suffisants et qui pourraient nous défendre contre toute agression. Les premières ne répondent pas à la réalité des choses; et, quand Beaurepaire, plutôt que de rendre Verdun qui avait été confié à sa garde, se faisait sauter la cervelle, il n'avait pas fait auparavant de déclaration de principes et il croyait simplement remplir son devoir.

Quand la Convention nationale ordonnait à ses généraux de vaincre et quand ceux-ci accomplissaient cet ordre, ils n'avaient fait non plus aucune déclaration de principes et ils voulaient simplement sauver la patrie ou mourir.

Les Ducrot, que l'on a surnommé le général « Mort ou victorieux, » les Bazaine et les Mac-Mahon ont, dans les temps modernes, prouvé que l'on pouvait perdre sa patrie et vivre ensuite gaîment.

En ce qui concerne les armements, ils ne font, selon nous, qu'attester la foi et la persévérance d'un certain nombre de citoyens qui n'ont pas désespéré; mais, qu'ils le croient bien, ces citoyens, en cas de guerre malheureuse, ne seraient pas suivis et ils seraient abandonnés.

On peut donc dire que, depuis la Révolution, le parti républicain n'a rien fait pour changer les mœurs et l'esprit public et qu'il n'a pas régénéré la société. Tout au plus peut-on admettre que, sous prétexte de laïcisation, il a fait voter des lois qui affranchissent les instituteurs de la tutelle du clergé et qui leur permettent de devenir des agents de la véritable pensée civilisatrice et progressive. Dernièrement, un honorable journal, *Le Temps*, a, à l'occasion d'une polémique soulevée par l'introduction dans l'école de quelque Manuel, publié une série d'articles pour démontrer que la morale ne doit pas être enseignée et qu'elle résulte pour l'enfant des leçons de chaque jour et de l'expérience (1).

---

(1) Un honorable collaborateur du *Temps*, M. le sénateur Schérer, a publié dernièrement dans ce journal, sous le titre de la *Crise de la morale*, un travail dans lequel il démontre que nous sommes arrivés aux jours prédits de l'Antechrist et que le monde va finir !

C'est donc là où en sont arrivées les classes dirigeantes françaises, et en particulier l'honorable M. Scherer. Parce que ses conceptions sont dépassées, et qu'il n'a pas entrevu le nouvel idéal ; parce que le peuple s'agite pour réaliser cet idéal et pour fonder la liberté et la justice, M. Scherer et avec lui tous les conservateurs, croient que la société va retourner au chaos et qu'il n'y a plus parmi les hommes, de gouvernement possible.

Et il est vrai que si le peuple n'arrive pas à réaliser l'idéal de la liberté et de la justice et à fonder le gouvernement de la démocratie, il périra mais il sera remplacé par d'autres peuples qui arriveront eux à cet idéal et qui fonderont le gouvernement de la démocratie. Mais ils sont bien coupables les hommes qui,

Nous voudrions bien savoir ce que l'honorable journal que nous citons entend par la morale? Pour nous, la morale c'est la science du juste et de l'injuste, la loi pour la répartition de la richesse et du bien-être, en un mot, la règle des droits et des devoirs ; et nous n'admettons pas que cette règle, cette loi ou cette science puissent être livrées au hasard ou à l'arbitraire des leçons, et ne pas être enseignées.

Il faut donc enseigner au peuple ces choses, et faire de la morale une réalité. Il faut, en premier lieu, faire dans l'enseignement une plus large place à la philosophie de l'histoire et montrer l'homme sur la terre occupé à se faire sa place et disputant sa vie aux éléments et aux animaux de la nature.

---

ne comprenant rien aux aspirations populaires, s'obstinent à rester aux affaires et à vouloir imposer leurs idées et leurs opinions.

Ils usent les forces de ce peuple, le plus noble des peuples, et le plus capable de suivre les inspirations de la justice et de réaliser cet idéal; ils usent disons-nous, les forces de ce peuple dans des agitations stériles et ils finiront, nous le craignons, par le faire périr!

En second lieu, il faut montrer l'homme luttant contre tous les despotismes et en particulier contre les religions, qui voulaient lui faire croire qu'il n'y a de justice à espérer que dans le ciel et qu'ici-bas il faut se soumettre aux puissances et accepter son sort avec résignation.

En troisième lieu, il faut montrer l'humanité marchant toujours vers ce but de la justice et renversant pour y arriver les peuples et les gouvernements, brisant tous les obstacles, ayant raison de toutes les résistances et renouvelant au besoin les civilisations. Enfin, il faut faire comprendre à l'homme que le but de la société est en effet la justice et qu'il n'en a pas d'autre à espérer que celle qu'il pourra se faire à lui-même.

Ah! sans doute, la chose n'est pas simple et ce n'est pas en un jour qu'on arrivera à gagner le peuple à la cause de la civilisation et du progrès. Mais quoi! nos maîtres, vous voulez dans six mois être ministres et vous n'ignorez pas que, si vous preniez en main véritablement la cause des intérêts du peuple,

la coalition des intérêts bourgeois vous arrê-
terait et vous empêcherait d'arriver.

Il vous est plus commode d'afficher un optimisme qui n'est pas, qui ne peut pas être
dans votre esprit et de trouver que tout est
bien. Vous pourrez être ministres, mais vous
le serez dans de mauvaises conditions et
vous perdrez la France en vous perdant vous-
mêmes.

VII.

De la décadence de la société française, et du seul moyen pour la
régénérer et lui donner une nouvelle force et une nouvelle vitalité.

On ne saurait trop le répéter, il s'agit de
changer les mœurs et l'esprit public, et de
substituer à l'ancienne idée catholique l'idée
nouvelle de la justice et de la raison.

Tout s'écroule autour de nous. Les ancien-
nes croyances ont disparu, et il ne reste plus
debout que quelques débris des institutions
qu'elles avaient créées ou auxquelles elles
avaient donné naissance. Il faut que la civilisation soit renouvelée. Le sera-t-elle par un
peuple plus jeune, plus pauvre, moins avancé
en âge et en civilisation, qui viendrait nous
conquérir tout en s'assimilant nos idées et en

devenant lui-même le peuple civilisateur et progressif, ou pourrons-nous nous-mêmes nous régénérer et reprendre notre place au premier rang des nations ?

Telle est la question. Bien des raisons pourraient nous faire craindre que la première alternative soit la vraie. Quand, au quatrième siècle de l'ère chrétienne, les Goths, les Visigoths, les Francs, les Vandales, venaient, agents inconscients du progrès et de la civilisation, régénérer le monde et remplacer les Romains dans le gouvernement de la société, ils étaient à peine sortis des forêts sauvages de la Germanie, pauvres, misérables, à demi-nus ; et c'était avec des cris de joie et d'enthousiasme qu'ils avaient répondu à leurs chefs qui les poussaient à envahir les riches territoires occupés par les Romains.

Ceux-ci amollis, corrompus, ne pouvaient se défendre et ils étaient mûrs pour la conquête. Aujourd'hui, nous sommes dans la même position que les Romains, amollis, corrompus, incapables de nous défendre et mûrs pour la conquête et l'asservissement. Nos ennemis, les

Allemands, sont, eux, dans la position des Goths, des Visigoths, des Francs, des Vandales, leurs prédécesseurs, qui conquirent l'empire romain, pauvres, misérables ; et c'est aussi avec des cris de joie et d'enthousiasme qu'ils répondent au gouvernement de Berlin, qui les pousse à envahir la France, le pays de la lumière et des richesses.

Ah ! sans doute, nous sommes encore capables d'un acte d'héroïsme et, pendant la guerre de 1870-1871 et le siège de Paris, nous avons prouvé que nous étions les dignes fils des Français qui firent les grandes guerres de la Révolution et du premier empire ; mais, nous le demandons, combien y en a-t-il, parmi ceux qui soutinrent le siège de Paris et firent la guerre en 1870-1871, qui auraient été capables de supporter les fatigues d'une guerre longue, obligeant à camper sous la tente, à vivre loin du foyer, à faire des marches et des contre-marches, enfin, à supporter des privations de toute sorte ?

On a, comme nous l'avons dit, fait ces guerres sous la Révolution et le premier empire ; mais alors on était pauvre, et l'on croyait combattre pour la fortune et la liberté. Qu'on relise les proclamations des généraux de cette époque, et l'on verra que tous promettent à leurs soldats de les débarrasser des nobles et des prêtres, qui détiennent la terre et empêchent les paysans de la posséder. En particulier, le général Bonaparte est cynique et terre-à-terre : « Au retour, dit-il à ses soldats en s'embarquant avec eux pour l'Égypte, vous aurez chacun de quoi acheter quatre arpents de terre ! »

En prenant le commandement de l'armée d'Italie, le même général Bonaparte, dans une proclamation adressée à ses soldats campés aux neiges des Alpes, manquant de tout, sans pain et sans souliers ; il dit, montrant les riches plaines de la Lombardie, occupées par les Autrichiens : « Voilà où nous nous ravitaillerons ! »

Aujourd'hui, comme nous l'avons dit, nous sommes riches ; on pense à sa femme, à ses enfants, et on veut la paix, ou, si l'on demande la guerre, c'est avec la secrète pensée que d'autres que nous la feront. En un mot, nous sommes dégénérés et nous n'avons plus ni énergie, ni vitalité.

Toutefois, il y a encore un moyen pour la France de se relever et de reprendre sa place au premier rang des nations, c'est d'appeler à la connaissance de la vérité et à la lumière le peuple des campagnes et des villes, les paysans et les ouvriers, et de les faire jouir des bienfaits de la civilisation.

Il est certain qu'il y a aujourd'hui en France comme deux peuples, les riches et les pauvres, et que les premiers sont séparés des seconds par un abîme. Il faut combler cet abîme, et faire en sorte qu'il n'y ait plus en France qu'un seul peuple et une seule société. L'ancienne société est pourrie, viciée, ou, comme nous l'avons dit, amollie, corrompue, incapable de se défendre et de résister aux entreprises de l'étranger. Il faut régénérer cette société par l'infusion d'un sang nouveau et faire d'elle une nouvelle société pleine de force et de vie, et capable de maintenir à la France son rang dans le monde et sa nationalité. Il faut choisir entre la régénération par les Prussiens ou la conquête, et la régénération par le peuple de France pauvre et privé jusqu'ici des bienfaits de la civilisation ; mais, si l'on choisit cette dernière alternative, il faut que le peuple de France y trouve des avantages et que l'on fasse en sorte qu'il ait quelque chose à défendre.

Qu'importe aujourd'hui au peuple de France d'être conquis, et pourquoi irait-il à l'ennemi se faire tuer pour maintenir aux riches leur fortune et leur propriété ?

Non ; il faut que le peuple soit intéressé au maintien et à la conservation de la société, et il ne le peut que par l'établissement de la justice.

Il faut donc, encore une fois, faire comprendre au peuple la justice et l'appeler à la connaissance de la vérité et à la lumière.

VIII.

Du but que doivent poursuivre aujourd'hui les républicains, et des
intransigeants et des opportunistes.

Thiers, que pourtant nous n'aimons guère
à citer et qui s'est presque toujours trompé, a
dit : « La République finira dans le sang ou
dans l'imbécillité ! » Nous ne voudrions rien
dire de désagréable à des hommes parmi lesquels nous comptons des amis et des maîtres
éminents, et pour lesquels nous professons la
plus sincère estime et le plus profond respect ;
mais il s'agit de l'ensemble du groupe, et de la
politique qu'il cherche à faire dominer.

Or, nous demanderons au groupe de l'Union
républicaine quel est le but qu'il poursuit et
comment il entend gouverner la France ? Nous

le voyons bien, les hommes les plus éminents du parti s'appliquent à ne pas créer d'embarras au gouvernement; ils font consister toute leur politique, du moins on pourrait le croire, dans le maintien du gouvernement actuel et ils croient avoir remporté un grand triomphe quand ils ont empêché le changement des personnes ou le renouvellement du ministère.

Eh! sans doute, il faut de la stabilité dans le Gouvernement; mais il ne faudrait pas acheter cette stabilité trop cher et au prix d'une perversion totale de ses idées et d'un renoncement absolu à ses principes. On a approuvé l'expédition du Tonkin, la guerre avec la Chine, l'expédition de Tunisie; on approuve le gouvernement de n'accomplir aucune réforme, et de mentir à toutes les promesses qui avaient été faites au parti républicain dans l'opposition : on l'approuve de ne pas faire la séparation de l'Église et de l'État, de n'avoir fait qu'une révision partielle de la Constitution, enfin, de ne pas avoir véritablement réformé la magistrature; mais pourquoi, dans quel but?

A-t-on une promesse formelle du gouvernement pour accomplir quelque grande réforme, ou pour appliquer une idée qui régénérerait la société et améliorerait le sort du peuple? Mais alors, il faudrait le dire et faire connaître cette idée ; il faudrait la défendre dans la presse, la faire connaître sous forme de projets de loi à la Chambre des députés et au Sénat, enfin, la répandre dans des réunions publiques et des conférences.

Mais, hélas! nous craignons bien que nos amis les opportunistes n'aient point ainsi une promesse formelle du gouvernement et que leur unique but est de maintenir la République. Ils croient que, comme ils disent, à force de sagesse, de prudence, on arrivera à acclimater chez nous la République et à la faire durer. Ils ne voient pas que la République n'est qu'un mot et que, même pour conserver ce mot, il faut donner au peuple la chose et en faire une réalité.

Mais comment! disent nos amis les opportunistes, l'ancienne monarchie a duré pendant quinze siècles et les grands rois ou les grands ministres qui ont gouverné la France pendant cette longue période ne se sont pas occupés de la justice, ni des moyens pour faire dominer cette idée. Non ; mais ils cherchaient à faire dominer l'idée catholique et, depuis le débauché Louis XV sous le règne duquel fut pendu le chevalier de Labarre, pour outrage à la religion catholique ; depuis Lous XVI qui rendit encore quelques ordonnances contre les protestants, jusqu'à Louis XIV qui fit les Dragonnades et révoqua l'édit de Nantes, jusqu'à Charles IX qui fit la Saint-Barthélemy, enfin, jusqu'à saint Louis qui faisait percer d'un fer rouge la langue des blasphémateurs et de ceux qui outrageaient le nom de Dieu, tous ont soutenu cette idée qui faisait leur force et leur grandeur.

Aux approches de la Révolution, l'idée catholique était morte et c'est parce que les rois se sont obstinés à la défendre et qu'ils ont voulu maintenir les institutions qu'elle avait créées ou auxquelles elle avait donné naissance, qu'ils ont perdu leur prestige et leur autorité. En effet, si les rois avaient voulu marcher avec le temps ; si, au lieu de résister au progrès et à la civilisation, ils avaient cherché à établir la justice ; s'ils avaient compris qu'une nouvelle foi ou une nouvelle doctrine s'imposait, et que leur devoir était d'y préparer les esprits et d'amener les classes riches à tendre la main aux classes pauvres et à les aider à s'élever, ils auraient duré le temps des choses qui durent et pu achever leur mission.

Mais les rois ont voulu résister au progrès et à la civilisation ; ils ont voulu défendre les classes riches contre les classes pauvres, et maintenir l'ancien système d'inégalité et de privilège ; ils ont voulu, en un mot, s'opposer à l'introduction dans le monde, d'un nouveau système de gouvernement et à l'établissement de la justice, et ils ont été brisés. Les Républiques qui sont venues et qui ont succédé aux rois n'ont pas compris plus qu'eux l'importance et la grandeur du changement qui venait de s'opérer dans le monde, et elles ont voulu comme eux résister aux progrès et à la civilisation ; comme eux, elles ont voulu maintenir l'ancien système d'inégalité et de privilège et s'opposer à l'introduction dans les sociétés d'un nouveau système de gouvernement et à l'établissement de la justice ; et, comme eux, elles ont été brisées. Qu'on le croie bien ! l'établissement de la justice aujourd'hui est une nécessité inéluctable et la France périra ou elle arrivera à cet établissement. Et, que l'on ne cherche pas à faire sous ce rapport un rapprochement entre notre pays et les autres pays de l'Europe. La France a épuisé l'idée catholique, et elle a accompli le cycle de cette civilisation. Il lui faut une nouvelle idée, et un nouveau cycle à parcourir. Les grands ministres et les grands hommes politiques des temps anciens ne s'y tromperaient pas, et Richelieu aujourd'hui serait socialiste ou chercherait à résoudre la question de la misère et à établir la justice. Vous ! nos maîtres, vous êtes des politiciens, non des hommes politiques, et vous prenez la question par ses petits côtés ; vous ergotez, et vous ne pouvez aboutir. Aussi, voyez le peuple se détacher de vous ! Ah ! nous ne parlons pas du peuple des campagnes ni de cette masse, un peu composée de badauds, qui est toujours en retard et qui, hier, votait pour l'Empire et aujourd'hui pour vous.

Nous parlons de la masse agissante du peuple français, de cette masse qui a fait la République et qui, ayant toujours poursuivi l'établissement de la justice, s'irrite de voir que l'on ne fait rien aujourd'hui pour atteindre le but de ses efforts. Or, c'est cette masse, nos maîtres, qui se détache de vous et c'est elle pourtant qui finira par dominer la situation et par entraîner avec elle même la masse des plébiscitaires qui est aujourd'hui avec vous.

Nous regrettons ces choses; car, à ce jeu de la lutte entre les partis, la France pourra périr. Nous les regrettons aussi, parce que plusieurs parmi vous sont dignes d'un meilleur sort et qu'ils auraient pu travailler à l'établissement de la justice. Quant aux intransigeants, — ou, pour parler plus exactement et employer une expression qui convienne mieux aux hommes éminents qui sont à la tête de l'extrême-gauche ou de la gauche radicale, — aux républicains radicaux, nous nous demandons vainement quelle est leur politique? Autrefois, dans le parti républicain radical, on soutenait la politique des principes et on ne s'occupait pas des personnes ; aujourd'hui, on ne s'occupe que des personnes et on fait consister toute la politique dans le renversement du ministère.

Il suffit en effet de lire le compte-rendu des réunions publiques ou des Chambres et les articles des journaux inspirés par l'extrême-gauche ou la gauche radicale, pour voir qu'on n'en veut qu'au seul M. Jules Ferry ou à M. Waldeck-Rousseau et que, une fois ces ministres renversés, toutes les questions seront résolues et tous les obstacles aplanis.

Mais malheureux ! quand vous aurez renversé M. Jules Ferry ou M. Waldeck-Rousseau en serez-vous plus avancés et pourrez-vous mieux faire dominer votre volonté ? Pourrez-vous plus empêcher le successeur de M. Waldeck-Rousseau ou de M. Jules Ferry de faire, s'il le croit utile, une nouvelle expédition du Tonkin ou une nouvelle expédition de Tunisie, et le forcer, s'il ne croit pas ces réformes nécessaires et opportunes, à faire la séparation de l'Église et de l'État, la révision de la Constitution ou la réforme de la magistrature ?

Non ; il faut, pour dominer dans le gouvernement, avoir une grande idée qui s'impose et qui puisse être acceptée par le pays ; il faut que cette idée discutée, comprise, domine de haut la situation politique et que devant elle s'efface toutes les autres questions. Autrement, comment veut-on que la situation politique actuelle où des questions comme la séparation de l'Église et de l'État, la révision de la Constitution, la réforme de la magistrature, ou même l'expédition du Tonkin, passionnent le pays et l'amènent à prendre parti ou à dicter sa volonté au gouvernement ?

Il est certain que, sur ces questions, les avis sont partagés et que l'événement seul pourra décider si la politique suivie par le gouvernement est ou non conforme aux intérêts de la France. Ah ! sans doute, on peut aider à l'événement et créer dans le pays une agitation factice ; on peut ensuite, profitant de quelque malheur public qui ne manque jamais d'arriver, renverser le gouvernement et proclamer un autre gouvernement. Mais après? Arrivera-t-on à établir ce gouvernement, et n'est-il point plus probable que l'on n'arrivera qu'à amener l'anarchie et à préparer la ruine et la dissolution de la France?

En effet, y en a-t-il un seul, parmi ceux qui sont aujourd'hui à la tête de l'extrême-gauche ou de la gauche radicale, qui oserait dire que, s'il arrivait au pouvoir à la suite de quelque événement ou de quelque révolution populaire, il ne serait point débordé et renversé par les anarchistes? Au contraire, n'est-il pas vrai que, dans des circonstances semblables, des hommes qui, sans vouloir médire ou calomnier les chefs actuels de l'extrême-gauche ou de la gauche radicale, valaient bien ces chefs, — nous voulons parler des Louis Blanc, des Ledru-Rollin, etc., — ont été débordés et renversés par les communistes?

Non! nos maîtres, il faut en revenir à la grande idée pour laquelle nos pères ont combattu et à laquelle ils avaient consacré leur vie; il faut en revenir à cette idée pour laquelle ont vécu et sont morts les hommes de 1848 et de 1871, les chefs de l'opposition sous Louis-Philippe et sous Napoléon III, et les grands hommes de la Révolution française. Il faut en revenir à l'idée des Louis Blanc, des Barbès, des Ledru-Rollin, des Blanqui, des Flourens, des Delescluze, des Robespierre et des Danton. Eh ! ils ne se trompaient pas de tout ces hommes et leur système avait du bon. Ils voulaient établir la justice, et amener le peuple à la connaissance de la vérité. Il faut en revenir à cette idée, et abandonner la politique des personnalités. Qu'importe M. Jules Ferry ou M. Waldeck-Rousseau, puisque leur successeur ne ferait pas mieux et qu'il pourrait faire pis. Critiquons les actes du gouvernement, amenons-le à commettre le moins de fautes possible ; mais ne cherchons pas à le renverser. Éclairons le pays sur ses droits et ses véritables intérêts, amenons-le à comprendre la vérité et à aimer la justice, mais ne cherchons pas à l'établir par la force. Tout ce qui est établi par la force et qui n'est pas compris par le peuple, ne dure pas et est appelé à disparaître. Il faut donc faire comprendre au peuple la justice, et chercher à l'établir d'abord dans les âmes. Il faut faire des conférences, organiser des réunions publiques, fonder des journaux; déposer à la Chambre des Députés et au Sénat, des propositions de loi, changer les cours et les programmes, écrire à un autre point de vue l'histoire, en un mot se servir, pour changer les mœurs de la nation et appeler le peuple à la connaissance de la vérité, de tous les moyens que la loi met aujourd'hui à la disposition des citoyens.

C'est ainsi seulement que l'on arrivera à fonder un gouvernement soucieux des intérêts de la France, défenseur de ses droits, marchant avec le progrès et la civilisation, et à assigner comme but à l'activité libre de l'homme l'établissement de la véritable liberté et de la justice.

TABLE

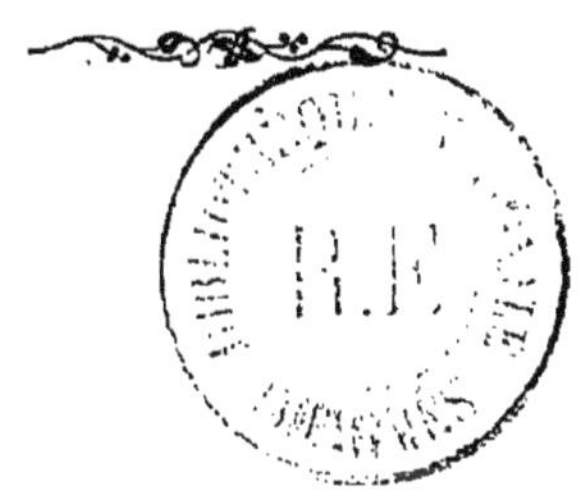

www.ingramcontent.com/pod-product-compliance
Ingram Content Group UK Ltd.
Pitfield, Milton Keynes, MK11 3LW, UK
UKHW020940140726
13695UKWH00003B/1107